AF238569

edition exil

einüben ins aussterben
david hoffmann
gedichte

edition exil

david hoffmann: einüben ins aussterben
gedichte, edition exil, wien 2025
isbn: 978-3-901899-97-3

lektorat: christa stippinger
layout und grafische gestaltung: sebastian menschhorn
korrektorat: eva auterieth

ein projekt des vereins exil im amerlinghaus
in kooperation mit dem verein kulturzentrum spittelberg

Bundesministerium
Kunst, Kultur,
öffentlicher Dienst und Sport

Stadt
Wien | Kultur

inhalt

ein grundriss

es gibt ein ich
das hat zimmer küche bad
und einen raum
an den ringsum erde presst

saum der ruhe

zwischen stühlen und tischen
die mich jahre begleiten
wird nach eltern gefragt
der erzeuger sei tot
sage es
und halte mich fest
an einem moment des zuvor
an einer wärme
die in nichts
an einer wanne
einer decke

alles sei noch
alles da

erinnere mich an momente
in denen ein warmes bett
aus dem ich zu boden
einer dunklen hündin untertisch
rote flecken auf dem teppich
ihr junges leblos im wasser

momente
an deren saum ich ruhe suche
an deren ende
moment für moment

topophilie

das haus

es blickt durch die fenster
das sind seine augen
die leuchten wenn es dunkel wird
es riecht durch die tür
und auf dem kopf da liegt ein dachtoupet

der baum

aus seinem bett gefallen
ast geflochten gebrochen ei
liegt ein nest kopfüber da

auf meinem haupt als krone
macht es mich ganz unsichtbar

heimlich verfolge ich die erwachsenen
wie sie geschäftig ihren dingen nachgehen
nichts ahnend von dem allwissenden
der ich bin

der garten

ein hexenkessel
auf dem steine wachsen
in dem monster wohnen
schafe mit wolfsköpfen auf schlangenkörpern
auf die ich trete
sodass es knackt in der mitte
der schale in der sie brüten

das zimmer

ich baue eine burg
aus decken
da darf niemand rein
die gehört mir
hier bin ich allein

ein schneckenhaus
faden kissen höhle all
versteckte welt nur für mich

aber manchmal lade ich ein
und empfange gäste in prunkvollen hallen
dann gibt es kekse
dann gibt es tee

das bett

der vater sitzt vor mir
plötzlich fällt er nach hinten
atmet aus
bewegt sich nicht
liegt tot da
hat aufgehört zu atmen
hat er aufgehört zu atmen?
er liegt tot auf dem bett
das glaubt mir niemand
er fällt zurück
das glaubt mir niemand
tut er so?
ich rüttle ihn
er bewegt sich nicht
ich schreie laut
er bewegt sich nicht
ich beiße ihn in die zehe
so fest ich kann
da schreit er auf

hab ich doch gewusst
dass er noch lebt

die wanne

ich sitze mit der schwester in der badewanne
nacktes geplantsche
gelbe gummiente
ich habe so viele jahre   *finger 3*
oder bin ich doch so viel alt   *finger 4*
es ist lustig
wir lachen

wenn sie die finger aneinanderpresst
und mit den handflächen einen hohlraum formt
spritzt zwischen daumen und beuge
ein wasserstrahl hervor
mir ins gesicht
sie lacht
ich will das auch können

mit meinem ganzen körper
versuche ich ihr all das wasser
entgegen-
zu-schleudern
zu-klatschen

es bringt nicht viel
sie ist stärker
sie ist größer

ich tobe
bis ich nicht mehr kann
wir vertragen uns
wir lachen

bläschen steigen auf
die schwester kreischt
hüpft aus der wanne
vielleicht gibt sie mir eine ohrfeige

ein kleines braunes ding schwimmt unter mir hervor
ich verstehe nicht
was so schlimm ist

das wohnzimmer

wir singen den weihnachtsbaum an
dann darf ich wie ein wusch
schnell die räder zack
schießt bewegung durch die beine
hoch und kurven in die seiten ziehen
um den schmuck herum
der teppich tief
macht weich die fahrt des dreirads

die küche

wir haben einen hund
er hat einen namen

ich lege mich zu ihm
unter den tisch
da sind korb und decke
wohlig weiche muschel

ich stehe neben ihm
und lerne gehen

als er läufig ist
lerne ich »sie« zu sagen
und gebe ihr einen namen

sie soll welpen kriegen

ich beiße der hündin in den nacken
sie beißt nicht zurück

ich stelle mir vor
ich bin ihr kleines

das kästchen

öffne ich es
erwachen figuren geschöpfe gezeiten
bewegen sich in einem farbenstrahl
durch eine neue welt

schließe ich es
wird es zu einem ding unter anderen
braunes holz
lack und schloss

sehe ich es an
weiß ich von all den wundern darin

der keller

da ist ein brummen
an einem kasten
rohr zu wand

wenn du still bist
und aufpasst
dann macht es nichts

wenn du laut bist
musst du schnell sein
damit es dich nicht sieht

dann kommt es nicht
außer es möchte

topophobie

häuser eng an eng in höhen gezogen,
dazwischen mein heim in straßen gefasst, an
denen mein körper sich entlanggewunden, in
einem zimmer, einer zeile, einer zelle, verwebe
mich durch straßennetze zu einem gesicht
von bau zu bau, fahre ein und stundenlang
aus dem bild, das ein ich für mich geworden,
zu dem, das es gewesen, das unter gedanken,
dem verstand, mit jeder häuserreihe, die über
und über ich zurücklasse, weicht es einer
ebene aus asphalt neben lkws, lagerhallen
und möbelhäusern, eine autobahn entlang
und ich von ihr ab, in weite // leere // land,
das striche und pflanzen blass färbt, peitscht
es mich vor ein haus, wo ich zu stehen komme,
ein haus, das frühe lebensjahre forderte, ein
haus, in dem eine wohnung, aus dem ein ich
frisch und nass mich zerrte an einer hand, die
es nicht mehr gibt (die ich nicht mehr kenne)

das haus ist blind und unbewegt
wo die fenster waren wuchert ziegelwuchs
kein rauch entkommt dem kamin kein tänzeln kein toupet
die tür: geschlossen klinkenlos
die bäume davor
schweigen

es gibt einen schlaf
den letzten
es gibt eine nacht
die letzte
ich bleibe einen schlaf
ich bleibe eine nacht

träume davon
wie ein koloss unbewegt
daliegt

ich will ihm in die zehe beißen
aber er trägt schuhe

ich wache auf, die baumreihe, eine stumme soldatenlandschaft vor dem fensterkreuz in gebetssilhouette steht wippend im wind und wartet darauf, in mein zimmer zu strömen, mir die lungen zu füllen, presst die außenwelt zwischen kitt und scheibe in den raum, mich zu überschwemmen, wenn ich die augen kurz schließe, macht sie einen schritt auf // mich // zu, ist näher, viel näher, stürzt durch scheiben, stamm voran, mich zu boden, ein scherbenmeer und ich schrecke auf, werfe die decke ab, krampfe aus dem bett, jeder muskel in meinem körper zieht sich zusammen, ich recke meinen kopf nach hinten, der hals überstreckt, ein zähnereiben und rolle durch die zimmer, kein gehen, nur mehr ein rollen, von schulter zu schulter über schulter kippen, bis ich mich unter dem teppich wiederfinde und bemerke:

da ist ein schacht.

ich steige hinab
der boden ist
warm
gewürm

alle wände schwinden
weit oben verblasst ein kleiner heller punkt
es wird dunkel

ich höre stille
weiß nicht woher

wenn die pumpe schweigt
wächst der keller
über sich hinaus
bevor die therme knackt und brummt
ist der raum noch ohne ende

und dann gesang:

an mich gesaugt
ganz fest
allein

lass es aus mir rinnen
leben

fesselst fest
du mich allein

leben
rinne aus
meinen rinnen
du allein
leben

ich will warten

kein schreiten
nur fallen

ich öffne die augen
über mir ein tisch

meine stimme zieht einen kreis
und singt // summt nächte weg
findet ruhe
findet leere
darin ein raum sich eröffnet
fein behaarter spinnenarme
ein netz kreisrund
aus lied wie licht
oikos // oikos // oikos
unter dem tisch
ist es warm: es brennt
feuchtes fell krausehaar
hund was ist dein name?
du öffnest dein maul
legst dich neben mich
dein puls: ein schlag ein schlag ein schlag
ein tritt und vorwärts seitwärts rückwärts
hund was ist dein name?
niemand
sagst du und
ziehst einen roten faden durch die küche
hund was ist dein name?
versteckst dich vor der hand
hund was ist dein name?

entferne mich mit dunkelterpentin unterteppich
da wächst ein pilz in fadenflaum
reißt häuser nieder
wände
summt mir melodien
aus noten in gestein gemeißelt

ich werde	an der hand	gehalten
höre	eine	stimme
	die sagt	
mach	dir keine	sorgen
in dem alter	gibt es	kein erinnern
da wird		vergessen

ins leere

einüben ins aussterben

wie du aus dem unvermittelt anhaltenden zug blickst
ausschau hältst nach überresten eines suizidenten

wie du in den club gehst
bitteren schweiß auf deiner zunge
dich einfügst in die gier der anderen

wie du folge um folge einer nichtssagenden serie
mit deiner kreditkarte auf den screen legst

wie du dich bückst
als du im stiegenhaus an den crack-
rauchenden und dem kinderwagen vorbeihuschst

wie du dem geruch des bettlers
einen moment zu lange nachschmeckst

wie du über das balkongeländer blickst
den zebrastreifen
den felsvorsprung
den beckenrand

wie du über die landschaft schweifst und weißt:

wenn sie platzen, bist du tot

ein pub, sieben pints
wir teilen uns einen joint
und er erzählt, wie seine freunde
marokkanische haschbonbons
verpacken und schmuggeln

du schluckst sie, du scheißt sie
ballons oben rein, unten raus
wenn sie platzen, bist du tot
und er sagt:
fünf flüge, ein haus

ein pub, sieben pints
sie meinten:
lieber sterben als nichts
also:
fünf flüge, ein haus
wenn sie dich kriegen, bist du raus

morgenstimmung

kauft sich einen fahrschein
neben dem automaten bitte danke
wirft restgeld *dreißig cent* in einen becher
zieht vorbei zum entwerter
hackt tinte auf das ticket

langer u-bahngang
breiter u-bahnschacht
tiefe u-bahnrinne entlang
rattert und schlägt es in dumpfen rhythmen
mitten im mechanikgetrampel
mitten im mechanikgeruckel
mitten im mechanikgedöse
im elektrischen technikgedärm
im eklektischen gemensche
fader köpfe
frühstücksweckerln
coffee-to-go
wechselnder lichter
rauschender durchsagen
zischender türen
hebt schief unverständlich eine stimme an zu singen
nicht himmlisch
nicht divinal
nein brutal

wandert zwischen den wackelnd umherstehenden
den betäubt sitzenden
durch eine sprache die niemand begreift

in der einen hand der stimme ein alter kaffeebecher
darin scheppernde münzen
in der anderen eine fotografie:

sie steht aufgelöst ganz körperlos
neben einer leiche mit haut matt wie wachs
auf ihr: wachsfarbene rosen
über ihr: wachsweinende augen
alles scheint lichterloh schmelzen zu können
und in der hitze zuerst glieder
dann körper zu versengen
gleich der fotografie
die sich unter blicken zersetzt

die stimme singt
schüttelt den becher
schüttelt den kopf
und geht weiter

fäulnis erde

viehisches viehgestöber
viehisches viehgestöber
mir anvertraut

stoße meine hauer
in durchnässte erde
stöbernd nach vieh
ergrabe erdenklumpen
waldumfasst
tiefe trüffel

suche mich auszuhöhlen
in umwühltes gewächs
reglos zu werden
vieherstöbert
moosbewachsen
verdorben und zersetzt

viehbestöbernd
viehisches viehgestöber
sich stöberndem vieh
ich anvertraue

staub:kante

wie ein hohles ei
zerschlage ich meinen kopf
an der tisch:kante
daraus pulverhaftes weiß quer
über die tisch:platte rieselt

schimmernd zerfällt
leere welt zu staub

schimmernd zerfällt
leere welt zu nichts

wie ein hohles ei
zerschlage ich meinen kopf
an der tisch:kante
bis alles leer
bis alles nichts

und das eiweiß
wie aus einem hohlen ei
– etwa so zerschlage ich
meinen kopf an der tisch:kante ¬
zu mehligen rauchkörnern geschlagen
auf die tisch:platte rieselt
weiß gepulverte nebelwolken
quer über die tisch:kante
an der ich meinen kopf
wie ein hohles ei zerschlage

bis ich leer
bis ich nichts

zerschlage ich meinen kopf
an der tisch:kante

er ist leer
er ist nichts

an der tisch:kante
wo ich meinen kopf zerschlage

bin ich leer
bin ich nichts

wie ein hohles ei

so zerschlage ich meinen kopf
an der tisch:kante

sei traurig

drücke deinen kopf ins kissen
vergiss alles
lass den verlust dich verschlingen
verliere dich darin
vermeide zuneigung
sie könnte dich von trauer und verlust ablenken

sei unglücklich
freu dich nicht
und kauf dir ein mohneis mit schlag
keinesfalls der tröstung wegen
sondern um fett und hässlich zu werden
folge dabei absurden und willkürlichen
hässlichkeitsidealen

sauf schnaps
nicht nur ein bisschen zum verdauen
nein: sauf ihn aus kübeln
sauf billigen fusel
den du im angesicht deines elends
das sich im wasser der kloschüssel widerspiegelt
unter weinerlichen würgeanfällen
katatonischem selbstmitleidgekotze
zurück in den kreislauf der fäkalien schleuderst
ganz so wie es das leben mit dir zu tun gedenkt

stirb
sei tot
fahre hoch in den himmel

und irgendeiner gottheit mit dem finger in den arsch
zieh ihn wieder raus und rieche daran
was riechst du?
den sinn des lebens?
frisch zerriebenen koriander?
liebe hass und die ganze vogelschar?
oder das nichts
aus dem wir kommen
und das uns wieder verschlingen wird?

sei traurig

göttliches medium

als jesus das erste mal herniederkam, wollte er ein
polaroid davon machen:
das ektoplasma des heiligen geistes, eine wabernde
masse am gekräuselten haar unter meinem nabel
klebend, löste sich im knacken eines blitzlichts auf

er versicherte mir: obzwar ich den herrn das erste mal
angerufen, seien die erzengel dank meiner frömmigkeit
in entzücken geraten und jauchzten *halleluja*

ich verschwieg jenen aus der sünde der unwissenheit
stammenden phantasielosen glauben, ein stoß/gebet
geschehe gebeugten hauptes, kniend in devoter hingabe

aber der herrgott wollte mir beim gemeinsamen gebet
ins angesicht blicken
legte seine hand an meine wangen und drehte mich
aufs kreuz
als er mir seine wunden offenbarte und mich verstehen
machte, was es heißt
jeden nagel unter schwerem hämmern ins fleisch
getrieben zu bekommen
und ich wand mich und das holz unter mir, es ächzte

als ich ihm eines tages jedoch gestand, dass ich atheist
sei, war er verständnisvoll und erkannte mich, indem er
sah, dass in meinem herzen seine existenz verneint werde

so stieg mein amen zum heiligen ghosting auf
und ward ein polaroid am himmelszelt

glücklicher macht

»ehrlich gesagt
glaube ich
es gibt menschen
die wie puzzlestücke
zueinander passen«

ehrlich gesagt
glaube ich
es gibt menschen
die man ineinander legt
sich aneinander fügend

menschen
wie stücke

ineinander
wie stücke

aneinander
wie stücke

glücklicher
macht

nachtfaden

ich hätte den raum dunkler gemacht
sei dagesessen
hätte etwas gesagt

aus dem gewinde des lampenschirms über uns
habe sich ein nachtfaden gelöst
sei über die glühbirne gezogen
auf unser sichtfeld getropft

ich habe den raum dunkler gemacht
habe etwas gesagt
und aus dem gewinde des lampenschirms über uns
ein nachtfaden

meisterhand

geflochten in mühevoller handarbeit
habe ich jede einzelne flechte ihrer schlaufe
jedes einzelne loch seiner schraube beraubt
bis nichts mehr da war von dem ganzen

und als ich da zwischen diesen teilen stand
die nunmehr abfall waren
wurde mir bewusst: ich habe etwas schönes zerstört
und es war egal

stadtpark

karger mund öd und dörr
wende mich zum glas
es ist leer

auf einem boulevardblatt
ein unbedeutend aussehender älterer herr

sehe ihm an
wie er steinernes fleisch in frische knochen bricht
wie er kleines gerupftes federvieh
in flammen hochgehen lässt

in einem teich
aus blut und geschleuder
schwimmen brennende stummelige enten
und quietschen ein rondo des grauens

wellen

aus tanz
an dumpfem rhythmus
schweißbeperlter hüften brechen

durch außenhäute
in rillen sickern
torkelnde körper
um das überleben rudern
atomar sie zersetzen
und wie puppen sie bewegen
wo sie brechen
und ineinanderfließen

an-analogon

es hat nichts damit zu tun
nein es hat nichts damit zu tun
nein das kommt nicht vor
nein
keine späße mit den sachen
keine reime mit den dingen
es hat nichts damit zu tun
ich lass es nicht aus
ich lass es nicht weg
denn eines ist klar
es hat nichts damit zu tun
es lenkt ab
es ist draußen
es ist da
und hat nichts damit zu tun
das // ist // nicht // da
das
womit es nichts zu tun hat
das ist nicht draußen
das ist nicht da
lenkt nicht ab
nein das hat nichts damit zu tun
nein es kommt nicht vor
nein
keine späße mit den sachen
keine reime mit den dingen
nein
das hat nichts damit zu tun

aus uns

hüllen

für brücki

wir pflücken unsere augäpfel
sammeln sie im brustkorb
öffnen ihn mit schlüsselbein

schlagen aus dem amboss einen ellenbogen
um eine bahn aus bein hüfte nacken und gelenk
gleiten auf nasenflügeln in einen lendenwirbel
zu brechen über leiter einen damm
nach hügel und lippen

bis unsere schulterblätter welken
fallen
wir
eingehüllt in trommelfell
in achselhöhlen überwintern

rotwein umhüllte dattel mit marzipankern
zwei finger brauchst du, um sie aus dem glas zu holen
ich versuche mir vorzustellen
wie der alkohol in kirsch, erde und schwerem bouquet
passend zu wild
die frucht umgibt
und frage mich:
wohin verschwindet das wasser
wenn du aus der wanne steigst?

tröpfel-test

nieselschwarm umschwirrt
die handschalen
dem mund
geheißen:
trink!
entlang
den wirren
den armen
den beinen
den knien
asphaltgestein
worauf du tröpfeltest

straßen zwischen uns

eingeatmet und ausgeatmet
wärmt licht das armaturenbrett

in der tür eine endlose pannonische landschaft
wo motorengetier ferne summt
und sich an dem kleinen beweglichen raum festbeißt
bis zum ende des sichtfelds hin
wo es verfliegt

licht

ich suche züge
wie sie sich winden
vorbeiziehen // vertiefen // hervorspringen
hinter ecken und kanten könntest du stehen
dich bewegen
zwischen bruchstücken
die dein fehlen ergeben

außerhalb
dieser tiefen schächte unpersönlichen gewimmels
labyrinthischen betons
von leuchtwürmern durchzogener dunkelheit
wirst du mich finden
um an der oberfläche
dich auf mich zu legen
so als ob
dir etwas an mir gelegen

du liegst
und riechst
und sagst
das wort für welt sei wald
tastest dich vor
von einem sinn zum andern
streifst poren entlang
wo es klebt frische tau
den atem öffnet dunkelgrün moos smaragd minz gras oliv
schmeckst beeren kerne klang
knacken rascheln schwer geäst
das fällt und liegt und riecht

du mir den atem

es gab den moment
da wollt ich
du nähmest mir den atem
den moment
da mein atem unter deinem läge
da du ihn dir zu eigen
und ich mich nicht traute
ihn dir zu nennen
den moment
und du sagtest
ich sei nicht hart genug

auch ein stück von dir

eine szene ein austausch
und einer sagt: cut
und schneidet sich ab ein stück von dir
und sagt: auch du

und stellt es rein
in eine vitrine des mitschnitts
und hängt das dieses deine
das das du
aus lauter stillem stolz an eine wand
aus schnittblumen zu schnittblume an schnittblume und
schnittblume

und einer schreibt von
und einer schreibt zu
und einer schreibt ein du und ein dir

und einer nimmt von
und einer nimmt an
und einer nimmt ein du und ein dir

dann sagst du: auch ich
stehst fest und unbewegt
vor wand vor vitrine
reißt das stück wieder an dich
ein ich und ein mir
dass dies *und* vorbei
dass dies *auch* vorbei
dass du dein ich das du
zertrümmerst wand und vitrine

und schreibst von
und schreibst zu
und schreibst ein ich und ein mir

und keiner nimmt von
und keiner nimmt an
und du ein ich und ein mir

eine szene ein austausch
und jemand sagt: du

sechs variationen über die liebe aus phobien heraus

akrophilia

leichtfüßig auf balkon
spannt es von scheitel bis krone mich
wo tiefen zu schluchten ich versäume

steht es mir fuß über kopf
ein schritt in watte luft
hoch zu faden
und es zieht

trypophilia

  zwischen auf
in subkutan   sich öffnen
  zu außen hin dring   mein

  lochkarte zu perforieren mich
stücket aus   ganz
  ein fremdwerk   ganz
knotet ballen   ein

tetraphilia

lege in zeilen erstmals
diese zahlen nieder und merke
es sind zu wenig zwei drei ungenug

erst wenn ich diese
hier aneinander
reihe und dann
noch eine

enochlophilia

ein einzig $x \in A$
das B ein atem polyphoner zug
sich zweiverleibt zu $A \subset B$

und der wärme die wärme
in schulternah an
schweißgeschlicht sich eingemengt
$\exists\, x\, B\, (x_1, ..., x_n)$ um außer sich ein auf zu gehen

thanatophilia

```
__xxx____x
_x_xx__x_
_xx____xx_

x____xx____
_x_x_____
_____x__
_____
```

dysmorphophilia

kalokagathía
to kalón to kagathía
to kaga to thía to kalón

to kagathía to kaká ta to
to thía ta toto ta kaga ta to
to kaká to thía ta ka to to ti
kakakagathía ta toto tata

für die tür

mach auf die tür
und schau
wie du kommst
wie du gehst
wie du schaust
auf dein kommen
auf dein gehen
auf dein schauen

wenn du gehst
komm, bleib stehen, schau
wenn du kommst
geh, schau, sag ciao

und ganz genau
auf dein kommen schau
und ganz genau
auf dein gehen schau
und ganz genau
auf dein schauen schau

bleib stehen
wenn du kommst
bleib stehen
wenn du gehst
und schau
ciao

anhang

s. 7 bis s. 55: der lyrikessay „ein grundriss" ist eine auseinandersetzung mit autofiktionalem und zeichentheo-
retischem sowohl anhand von gaston bachelards „poetik
des raumes" als auch deleuze und guatarris „1837 zum
ritornell" aus den „tausend plateaus". bachelards weit
rezipierter festlegung eines kindheitshauses als werk-
zeug der psychoanalyse liegt eine positive konnotation
desselben ortes zugrunde. das nennt er topophilie. für
diese topophilie habe ich versucht, ein gegenstück, die
topophobie, zu entwerfen. sie ist oberflächlichst von de-
leuze/guatarris schizo-analyse inspiriert (anti-ödipus");
das psychoanalytische schreiten durch die erinnerungs-
räume wird zum schizo-analytischen fallen/stolpern. der
auflösung dieser fiktiven dualität liegt meine beschäfti-
gung mit dichotomien kritisierenden theorien zugrunde,
genannt sei hier exemplarisch eine ahnin solcher pro-
gramme donna haraway.

s. 61: „wenn sie platzen, bist du tot" in einer metrischen
form und s. 65 „fäulnis erde" wurden von meiner poesie-
punkband *smashed to pieces* zu songs verarbeitet.

s. 83: „an-analogon" hatte als hörstück auf floating.fm
beim *48h-neukölln-festival* premiere (11′ 32″ https://
www.mixcloud.com/THFRadio/floating-fm-48h-neukölln-
teil-2-200620/) und war beim Lyrikfestival *Nedelja Evrope
2020, drugo poetsko veče* als Video (6′ 11″ https://www.
youtube.com/watch?v=5j716sSWRHE).

s. 97 und s. 103 bis s. 113: danke an *edition lex liszt 12* für die bereitstellung der rechte der gedichte „sechs variationen über die liebe" (s. 103 bis s. 113) und „du liegst" (s. 97), die in *junge literatur burgenland volume 5* gedruckt wurden.

s. 103 bis s. 113: ich habe mich kurze zeit mit phobien beschäftigt, natürlich wurden aus dieser auseinandersetzung liebesgedichte. hier zur genaueren erläuterung die begriffe: akro-, ἄκρος (ákros): „gipfel", „höhe"; trypo-, τρύπα (trýpa): „loch" („muster"); tetra-, τετράς (tetrás): „vier"; enochlo-, ἐν (en-): „in", „innerhalb" & ὄχλος (ókhlos): „menge"; thanato-, θάνατος (thánatos): „tod"; dysmorpho-, δυσ- (dys-): „schlecht", „miss-" & μορφή (morphḗ): „form". kalokagathia καλοκἀγαθία ist die (antike) annahme, das gute (ethische) und das schöne (ästhetische) würden eine einheit bilden. meines erachtens eine kritikwürdige, elitaristische weltsicht.

s. 115: „für die tür", mein erstes und einziges auftragswerk, steht auf einer tür in südtirol.

danksagung

mein erster dank gilt marko dinić, ohne den dieser gedichtband wahrscheinlich nicht entstanden wäre, und susann brückner, ohne die mein leben leer wäre. danke an frieda paris für die wertvolle unterstützung bei der titelsuche. iris blauensteiner für die anmerkungen. lydia haider für den jahrelangen austausch. cornelia hülmbauer für die einübungen. meiner band *smashed to pieces*, verena dürr und jakob kraner, danke ich für die produktive zerstörungskraft.

danke an die edition exil, besonders an christa stippinger für ihr vertrauen und die wichtigen rückmeldungen, und an die lieben kolleg*innen für die inspirierenden gespräche. allen meinen schwestern*brüdern und verwandten, ob durch geburt oder durch wahl. kein buch, kein text, nichts entsteht ohne andere. danke an alle, die da sind, und an alle, die da waren.

biografie

david hoffmann, geboren 1985, wuchs in österreich und ungarn auf. er schreibt prosa und lyrik, produziert hörspiele und ist teil der band *smashed to pieces*. er übersetzt aus dem ungarischen. gewinner des *exil*-lyrikpreises 2022. „einüben ins aussterben" ist sein lyrikdebüt.